el punto ganador

por Fay Robinson
ilustrado por Jacqueline Justine

Scott Foresman
is an imprint of

Glenview, Illinois • Boston, Massachusetts • Chandler, Arizona
Upper Saddle River, New Jersey

Photographs
Every effort has been made to secure permission and provide appropriate credit for photographic material. The publisher deeply regrets any omission and pledges to correct errors called to its attention in subsequent editions.

Unless otherwise acknowledged, all photographs are the property of Pearson Education, Inc.

12 Chad Ehlers/Alamy Images.

ISBN 13: 978-0-328-53550-7
ISBN 10:   0-328-53550-8

Copyright © by Pearson Education, Inc., or its affiliates. All rights reserved. Printed in the United States of America. This publication is protected by copyright, and permission should be obtained from the publisher prior to any prohibited reproduction, storage in a retrieval system, or transmission in any form or by any means, electronic, mechanical, photocopying, recording, or likewise. For information regarding permissions, write to Pearson Curriculum Rights & Permissions, One Lake Street, Upper Saddle River, New Jersey 07458.

Pearson® is a trademark, in the U.S. and/or other countries, of Pearson plc or its affiliates.

Scott Foresman® is a trademark, in the U.S. and/or other countries, of Pearson Education, Inc., or its affiliates.

2 3 4 5 6 7 8 9 10 V0N4 13 12 11 10

Lucy estaba en el equipo de futbol y era buena. Podía correr por el campo más rápido que cualquiera. Era excelente pasándole el balón a sus compañeras. Podía hacer guardia en portería para que el balón no entrara en ella.

Había un problema. Lucy nunca anotaba. Cuando se acercaba a la portería con el balón, su corazón se aceleraba. Sentía que todos la miraban. Podía ver al resto de los jugadores corriendo hacia ella. Podía escuchar a todos gritando su nombre. Entonces, el otro equipo le robaba el balón. Sucedía todo el tiempo.

—Soy terrible en futbol —le dijo Lucy a Isabel.

—Te equivocas, eres buena —dijo Isabel.

—Cuando llego a la portería, me congelo. Me siento tan tonta. Creo que mejor debería jugar básquetbol. Ya sé, fingiré —dijo. Lucy hizo como que se enfermó.

Al día siguiente, Lucy fue a la biblioteca. Deseaba estudiar sobre futbol en los libros. Esperaba poder aprender algo.

Entre los libros de deportes, Lucy encontró un libro de un jugador popular de futbol. Lucy comenzó a leerlo.

El autor escribió que no siempre había sido bueno jugando futbol. —Casi siempre tenía pánico. Necesitaba aprender a concentrarme —decía el autor—. Me decía a mí mismo que nadie me miraba. Tenía que imaginar que éramos sólo el balón y yo.

Lucy pensó que era interesante. Se preguntaba si también a ella podría ayudarle.

En el siguiente partido, Lucy jugó bien. Corrió rápido y le pasó el balón perfectamente a Isabel. ¡Isabel anotó!

El partido estaba emocionante y Lucy se divertía. Cada equipo anotaba una y otra vez. ¡Se acercaban a empatar el partido!

   Cuando quedaba sólo un minuto, se empató el partido. Así lo mostraba el marcador en los tableros. Lucy le pasó el balón a Isabel y corrió hacia la portería. Isabel le regresó el balón a Lucy.

   Lucy estaba justo enfrente de la portería con el balón. "¡Oh, no!", pensó Lucy. Comenzó a sentir pánico y buscó a quién pasarle el balón.

Los jugadores de ambos equipos se acercaban. Lucy tenía que tomar riendas en el asunto, pero no podía moverse.

—¡Tú puedes! —gritó Isabel.

Lucy respiró profundamente. "Somos el balón y yo", pensó. Giró los pies y pateó.

—¡Gol! —gritó el entrenador.
—¡Ganamos! —gritaron sus compañeras.
—¡Hiciste que ganara nuestro equipo! —gritó un aficionado mientras tocaba un redoble con su tambor.
—¿Cómo superaste tu miedo? —preguntó Isabel.
Lucy sonrió. —No fue nada. Solo necesitaba concentrarme.

La historia del futbol

Nadie sabe cuándo se jugó el primer partido de futbol. Es probable que deportes similares al futbol se hayan jugado hace casi 3,000 años.

El primer reglamento de futbol se escribió en Inglaterra en 1815. El futbol no se volvió popular en los Estados Unidos hasta los años cincuenta.

A este deporte se le conoce como *"soccer"* en los Estados Unidos, Canadá y Australia. Es el deporte más popular en el mundo. Se juega en más de 200 países.

El campeonato mundial de futbol se llama la Copa del Mundo. Más de 30 millones de personas vieron la última Copa del Mundo. ¡Son más personas que las que vieron las Olimpiadas!